ÉMILIE RIVARD
Illustrations de Valérie Desrochers

Villes et villages

QuébecAmérique

Projet dirigé par Marie-Anne Legault, éditrice

Conception graphique et mise en pages : Marylène Plante-Germain
Révision linguistique : Sabrina Raymond
Experte-consultante : Mireille Thibault, ethnologue
Conseillère pédagogique : Anne Gucciardi

Québec Amérique
7240, rue Saint-Hubert
Montréal (Québec) Canada H2R 2N1
Téléphone : 514 499-3000

Nous reconnaissons l'aide financière du gouvernement du Canada.

Nous remercions le Conseil des arts du Canada de son soutien.
We acknowledge the support of the Canada Council for the Arts.

Nous tenons également à remercier la SODEC pour son appui financier. Gouvernement du Québec – Programme de crédit d'impôt pour l'édition de livres – Gestion SODEC.

Catalogage avant publication de Bibliothèque et Archives nationales du Québec et Bibliothèque et Archives Canada

Titre : Villes et villages / Émilie Rivard.
Noms : Rivard, Émilie, auteur.
Description : Mention de collection : Savoir | Autour du monde
Identifiants : Canadiana (livre imprimé) 20230075029 | Canadiana (livre numérique) 20230075037 | ISBN 9782764453001 | ISBN 9782764453018 (PDF) | ISBN 9782764453025 (EPUB)
Vedettes-matière : RVM : Établissements humains—Ouvrages pour la jeunesse. | RVM : Établissements humains—Histoire—Ouvrages pour la jeunesse. | RVMGF : Albums documentaires.
Classification : LCC GF101.R58 2024 | CDD j304.2—dc23

Dépôt légal, Bibliothèque et Archives nationales du Québec, 2024
Dépôt légal, Bibliothèque et Archives du Canada, 2024

Tous droits de traduction, de reproduction et d'adaptation réservés

© Éditions Québec Amérique inc., 2024
quebec-amerique.com

Imprimé au Canada

Crédits photo

p. 6 : navintar-242224091 / stock.adobe.com, bokstaz-92551401 / stock.adobe.com
p. 9 : CL-Medien-310590952 / stock.adobe.com, Simon Dannhauer-65221649 / stock.adobe.com, lucky-photo-227883696 / stock.adobe.com
p. 11 : monticelllo-201983264 / stock.adobe.com, Ahmet-465986807 / stock.adobe.com
p. 12 : pyty-93327864 / stock.adobe.com, drayer11-82549010 / stock.adobe.com
p. 14 : Kathryn-605770284 / stock.adobe.com
p. 15 : mbrand85-227038810 / stock.adobe.com, KaYann-2738366 / stock.adobe.com
p. 16 : zevana-273522677 / stock.adobe.com, alekosa-168787564 / stock.adobe.com
p. 18 : Iakov Kalinin-205447933 / stock.adobe.com, Don Whitebread-196888983 / stock.adobe.com, Mazur Travel-202203468 / stock.adobe.com
p. 19 : Raja Munzir-598895095 / stock.adobe.com
p. 21 : olegzbc-176738944 / stock.adobe.com, BRIAN_KINNEY-123184430 / stock.adobe.com
p. 22 : Tupungato-229940733 / stock.adobe.com, BRIAN_KINNEY-115784854 / stock.adobe.com, LKKnapp-242351975 / stock.adobe.com
p. 24 : Nick Fox-239689954 / stock.adobe.com, javarman-8362065 / stock.adobe.com
p. 25 : saiko3p-296141633 / stock.adobe.com, Tim on Tour-308591681 / stock.adobe.com
p. 27 : magspace-48326788 / stock.adobe.com, Ross-270126228 / stock.adobe.com, Guy-198781428 / stock.adobe.com
p. 29 : DBA-485193366 / stock.adobe.com, badahos-275095491 / stock.adobe.com, john-306403421 / stock.adobe.com
Ligne du temps : BestVectorStock-237296259 / stock.adobe.com, maxicons-506462173 / stock.adobe.com, arte ador-606642276 / stock.adobe.com, Roman Sotola-106760613 / stock.adobe.com, fuzzylogickate-140500659 / stock.adobe.com, Muhammad-595865807 / stock.adobe.com, priyanka-584544717 / stock.adobe.com, XICONS-602333559 / stock.adobe.com

Dans la même collection

Série *L'environnement*

L'air, 2022.
Les forêts, 2021.
Les sols, 2021.
L'eau, 2020.
Les déchets, 2020.

Série *Le corps humain*

Le cœur, 2024.
Les gènes, 2023.
Le cerveau, 2022.
La digestion, 2022.

Série *Autour du monde*

La nourriture, 2023.
La musique, 2022.
Les religions, 2021.
Les sports, 2021.

AUTOUR DU MONDE, c'est un voyage qui te fait découvrir les multiples facettes des peuples et des pays du monde.

Depuis la préhistoire, les humains vivent en groupes et, peu à peu, ont organisé leur vie dans des **VILLES ET VILLAGES**. Des premières **agglomérations** aux **mégapoles** modernes, ces lieux présentent des caractéristiques communes, tout en ayant des traits uniques.

Comment ces milieux de vie ont-ils évolué à travers les âges ? Quels sont les villes et villages les plus étonnants ?

> Chaque fois que tu vois un mot en mauve, c'est que sa définition se trouve dans le glossaire à la dernière page !

Table des matières

C'est quoi une ville ?
1. Séoul, Corée du Sud, p. 6
2. Seredžius, Lituanie, p. 6

Les premiers villages
3. Çatal Höyük, Turquie, p. 7

Les civilisations anciennes
4. Ur, Irak, p. 8
5. Thèbes, Égypte, p. 9
6. Athènes, Grèce, p. 9
7. Tikal, Guatemala, p. 9
8. Rome, Italie, p. 9

L'époque médiévale
9. Bagdad, Irak, p. 11
10. Istanbul, Turquie, p. 11
11. Tenochtitlan, Mexique, p. 11

L'époque moderne
12. Cuzco, Pérou, p. 12
13. New York, États-Unis, p. 12
14. Londres, Royaume-Uni, p. 13

Autour du monde
15. Le Cap, Afrique du Sud, p. 14
16. Nairobi, Kenya, p. 15
17. Ganvié, Bénin, p. 15
18. Villages dogons, Mali, p. 15
19. Le Caire, Égypte, p. 16

On me surnomme « la perle du désert ». Qui suis-je ?*

Ligne du temps

Années

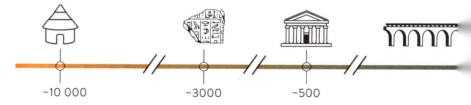

−10 000   −3000   −500

- 20 Ghadamès, Libye, p. 16
- 21 Tokyo, Japon, p. 17
- 22 Dubaï, Émirats arabes unis, p. 18
- 23 Shibam, Yémen, p. 18
- 24 Villages du Meghalaya, Inde, p. 18
- 25 Volcan Merapi, Indonésie, p. 19
- 26 Shicheng, Chine, p. 19
- 27 Venise, Italie, p. 21
- 28 Paris, France, p. 21
- 29 Cité-État du Vatican, p. 22
- 30 Budapest, Hongrie, p. 22
- 31 Longyearbyen, Norvège, p. 22
- 32 Québec, Canada, p. 23
- 33 Taos Pueblo, États-Unis, p. 24
- 34 San Francisco, États-Unis, p. 24
- 35 La Havane, Cuba, p. 24
- 36 Rio de Janeiro, Brésil, p. 25
- 37 Îles Uros, Pérou et Bolivie, p. 25
- 38 Buenos Aires, Argentine, p. 25
- 39 Villages de Tuvalu, p. 26
- 40 Sydney, Australie, p. 27
- 41 Coober Pedy, Australie, p. 27
- 42 Wellington, Nouvelle-Zélande, p. 27

Villes de demain
- 43 Copenhague, Danemark, p. 29
- 44 Cité-État de Singapour, p. 29
- 45 Puerto Nariño, Colombie, p. 29

* Tu trouveras les réponses dans ce livre.

Table des matières 5

Mais encore, c'est quoi *une ville* ?

Une ville est un lieu qui compte un grand nombre d'habitants. Nous y trouvons beaucoup de bâtiments, d'activités et de services : des immeubles d'habitation, des commerces (des magasins répondant à tous les besoins), des industries, des écoles, des établissements de santé, un réseau de transport, des lieux de loisir...

> La description d'une ville diffère d'un endroit à un autre. Par exemple, au Québec ou en France, une ville aura au minimum 2000 habitants, alors qu'au Japon, elle en aura au moins 50 000 !

Ville ou village ?

Un village est un lieu où sont rassemblés un moins grand nombre d'habitants que la ville. Plusieurs villages se trouvent dans les milieux ruraux (à la campagne), là où l'agriculture et l'élevage sont beaucoup plus présents. Ils permettent donc en quelque sorte de « nourrir » la ville !

La ville de **Séoul**, en Corée du Sud, compte près de 10 millions d'habitants.

Le village de **Seredžius**, en Lituanie, compte moins de 1000 habitants.

Les premiers villages

Les humains de la préhistoire étaient nomades. Ils vivaient de la chasse et de la cueillette en se déplaçant constamment pour trouver leur nourriture. Puis, il y a environ 10 000 ans, l'**agriculture** a fait son apparition, suivie de l'**élevage**. Les communautés agricoles n'avaient plus à se déplacer pour se nourrir. Elles sont devenues sédentaires en formant les premières agglomérations.

Les plus anciens villages sont nés dans le **Croissant fertile**, une région du Moyen-Orient. Les terres y étaient favorables à l'agriculture grâce à un climat doux et à la présence de deux fleuves : l'Euphrate et le Tigre.

Lorsque les gens n'ont plus besoin de se déplacer pour trouver leur nourriture, ils ont davantage de temps pour faire d'autres activités, comme l'artisanat et le commerce.

ZOOM SUR ÇATAL HÖYÜK

Çatal Höyük, dans la Turquie actuelle, était l'une des plus grosses agglomérations de la préhistoire, avec une population de 7000 habitants. On y cultivait le blé, l'orge et les pois, et on y faisait l'élevage de moutons et de bœufs. Fait étonnant : les rues n'existaient pas, à Çatal Höyük ! Les gens circulaient par les toits, entraient par une trappe et descendaient dans leur demeure par une échelle.

Les civilisations anciennes

Quand la préhistoire s'est-elle terminée ? Il y a environ 5500 ans, au moment de la création de l'écriture par la **civilisation** mésopotamienne. C'était alors le début d'une période nommée l'« **Antiquité** ».

Un peu d'histoire

La civilisation mésopotamienne s'est développée dans le Croissant fertile, au Moyen-Orient. Cette civilisation a été à l'origine des premières **cités-États**. Dans ces villes très puissantes, on retrouvait pour une première fois une forme de gouvernement (dirigé par un roi) et des lois. Les cité-États étaient en quelque sorte l'équivalent des pays d'aujourd'hui, mais en beaucoup plus petit.

Pour la civilisation mésopotamienne, les dieux avaient une grande importance. On bâtissait pour eux des **ziggourats**, les premiers gratte-ciel de l'histoire !

ZOOM SUR UR

Ur figure parmi les cités-États qui se sont développées en Mésopotamie (aujourd'hui l'Irak) il y a environ 5000 ans. Ur était une championne dans le domaine de l'agriculture. La ville était aussi divisée en quartiers, tous dédiés à une activité : un quartier des artisans, un quartier des commerçants, un quartier sacré (où se dressait une haute ziggourat), etc.

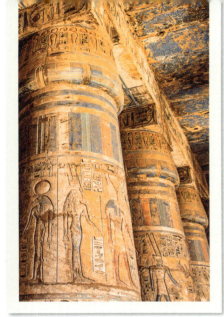

Pendant plusieurs siècles, au temps des pharaons, **Thèbes** était la capitale de l'Égypte. Elle était un lieu religieux important, où l'on honorait le dieu Amon. On y retrouvait des temples et des palais majestueux couverts d'hiéroglyphes. Chaque mur devenait un livre d'histoire! C'est à Thèbes qu'on a découvert l'incroyable trésor du tombeau de Toutânkhamon.

La civilisation qui s'est développée à **Athènes**, dans la Grèce antique, a grandement fait avancer les connaissances dans les domaines de la philosophie, des sciences et des arts. Elle a d'ailleurs construit les premiers théâtres. C'est aussi dans la cité-État d'Athènes qu'est né un système politique encore important aujourd'hui : la **démocratie**. En démocratie, c'est le peuple qui décide!

Située dans la jungle d'Amérique centrale (où se trouve aujourd'hui le Guatemala), **Tikal** a été la capitale d'un des plus puissants royaumes de la civilisation maya. Parmi les vestiges découverts se trouvent des temples de forme pyramidale d'une hauteur pouvant atteindre 65 mètres, l'équivalent d'un édifice de plus de 20 étages!

D'abord un petit village, **Rome** (Italie) est devenue au fil des siècles une grande puissance, grâce à sa redoutable armée. L'Empire romain s'étendait sur trois continents autour de la mer Méditerranée. Les Romains y ont propagé leur culture et leurs techniques de construction ingénieuses, multipliant de ville en ville les ponts-aqueducs, les amphithéâtres, les thermes (des bains publics) et les routes pavées.

Les civilisations anciennes

L'époque médiévale

Le **Moyen Âge** a débuté vers l'an 476, au moment de la chute de l'Empire romain, qui a mené à la formation de plusieurs petits royaumes. Cette époque a vu la population quitter les villes pour aller davantage vers la campagne. De grandes villes se sont tout de même développées durant cette période, surtout le long des routes commerciales. Ces routes, comme la route de la soie et la route des épices, reliaient les royaumes et les continents.

À cette même époque, les religions (en particulier le christianisme, l'islam et le bouddhisme) influençaient de plus en plus le pouvoir dans les villes. Les majestueux bâtiments qu'on leur consacrait, comme les cathédrales et les mosquées, devenaient des lieux de rassemblement importants. Malheureusement, les différences religieuses ont aussi provoqué de nombreuses guerres et destructions.

Pour mieux se protéger des attaques ennemies, plusieurs villes de l'époque médiévale ont construit des **fortifications**.

Villes prospères du Moyen-Orient

Au Moyen Âge, les villes du Moyen-Orient s'organisaient autour de la religion (en particulier l'islam), mais aussi autour des connaissances et du commerce.

Surnommée la « ville des mille et une nuits », **Bagdad** (aujourd'hui en Irak) était à l'époque la plus grande ville du monde.

Byzance, Constantinople et **Istanbul** ne sont pas trois villes différentes, mais une seule, dont le nom a changé au cours de l'histoire. La ville est située en Turquie, à la frontière de l'Asie et de l'Europe. Différents empires en ont eu le contrôle au fil du temps, ce qui a façonné sa culture et son architecture. Par exemple, l'église Sainte-Sophie, construite à l'époque de l'Empire chrétien byzantin, a par la suite été convertie en mosquée par les musulmans de l'Empire ottoman.

ZOOM SUR TENOCHTITLAN

Tenochtitlan était située où est présentement Mexico, la capitale du Mexique. Cette cité aztèque a été construite sur une île traversée de canaux. Les habitants se déplaçaient à pied et en canot. Tenochtitlan était la plus grosse ville des Amériques jusqu'en 1521, à l'arrivée des conquistadors espagnols. Ceux-ci ont détruit la ville et asséché le lac qui l'entourait. Ils ont aussi mis fin au règne de la civilisation aztèque.

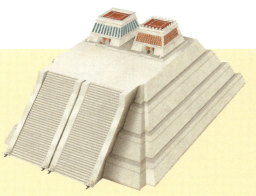

L'époque médiévale

L'époque moderne

Au cours des 500 dernières années, l'humanité en a fait, du chemin ! Des inventions, des **révolutions** et des guerres ont grandement transformé nos villes et nos villages. C'est au début de cette période que les puissances européennes ont **colonisé** de nouveaux territoires, où elles ont apporté leur langue, leur culture, leur religion et leur style architectural au détriment des peuples autochtones.

Cuzco est située au Pérou, dans la cordillère des Andes. Elle a longtemps été la **capitale** des Incas, une **civilisation** très puissante en Amérique du Sud avant l'arrivée des colonisateurs européens. À l'époque, l'édifice le plus impressionnant de la ville était le temple du Soleil, recouvert de feuilles d'or. À leur arrivée, les colonisateurs espagnols ont volé l'or, détruit l'édifice et construit un couvent sur son site.

New York s'est peuplée très rapidement, surtout grâce à l'arrivée d'immigrants européens fuyant des conditions de vie difficiles dans leur pays d'origine. Il y a plus de 100 ans, la ville était la porte d'entrée des États-Unis pour ceux qui arrivaient par paquebots. Ils étaient accueillis par l'emblème de New York : la statue de la Liberté, un symbole d'espoir pour plusieurs.

Un peu d'histoire

Autour de 1750 débute la **révolution industrielle**. Les usines et leurs machines (particulièrement la machine à vapeur) remplacent peu à peu le travail manuel des artisans. La population de la campagne est attirée vers les villes. C'est ce qu'on appelle l'« urbanisation ».

L'invention de la machine à vapeur a révolutionné le monde du transport. En effet, la locomotive et le bateau à vapeur ont permis aux gens de se déplacer beaucoup plus rapidement d'une ville à l'autre.

ZOOM SUR LONDRES

L'Angleterre (et **Londres** en particulier) est le lieu d'origine de la révolution industrielle. Pourquoi ? Parce que la machine à vapeur y a été inventée et parce que le charbon, nouvelle source d'énergie, y était bien présent. Entre 1800 et 1900, Londres était la plus grande ville du monde. Avec la multiplication des usines et des habitants, elle est aussi vite devenue l'une des plus polluées.

L'époque moderne

Autour du monde

Villes et villages d'Afrique

Les **agglomérations** africaines ont beaucoup changé à travers le temps. À l'époque des **colonisations**, les puissances européennes ont rebâti des villes et des quartiers à l'image de l'Europe sans se soucier de la culture africaine. Aujourd'hui, les États ont retrouvé leur indépendance. Ils poursuivent leur développement, avec les défis qu'apportent une forte augmentation de la population et une **urbanisation** plus rapide que partout ailleurs dans le monde.

ZOOM SUR LE CAP

Le Cap se situe en Afrique du Sud, à la rencontre des océans Atlantique et Indien. Cette ville a été habitée et colonisée par plusieurs peuples. Les tensions entre les groupes raciaux ont mené à l'apartheid, de 1948 à 1991. Il s'agissait d'un régime politique où les Blancs avaient davantage de droits que les Noirs, les Métis et les Indiens. Chaque groupe devait vivre dans des quartiers différents. L'apartheid est maintenant chose du passé grâce à la lutte de gens comme Nelson Mandela. Le Cap est aujourd'hui une ville créative, animée et aux couleurs des différentes cultures qui y habitent.

Des villes jeunes et dynamiques

Les villes du continent africain se démarquent par leur croissance rapide, leur dynamisme et par la jeunesse de leur population. **Nairobi**, la capitale du Kenya, en est un bon exemple. Son centre-ville moderne côtoie un parc national, où l'on peut observer zèbres, girafes et rhinocéros dans leur habitat naturel.

Il y a 300 ans, le peuple Tofinu a fui l'esclavage en se réfugiant sur le lac Nokoué, au Bénin. Il y a fondé **Ganvié**, un village bâti sur pilotis. Encore aujourd'hui, toute la circulation entre les habitations se fait à bord de barques. C'est pourquoi on l'appelle « la Venise de l'Afrique ».

Pour protéger sa culture et ses traditions, le peuple Dogon du Mali s'est réfugié dans une région abrupte et difficile d'accès : la falaise de Bandiagara. On compte 289 **villages dogons**. Dans ces villages se trouvent des maisons en briques de terre séchée et des greniers à la toiture pointue. Ces greniers sont surélevés pour éloigner les céréales des termites et des rongeurs.

Autour du monde 15

Mégapole d'Afrique

Le Caire est la plus grande ville d'Égypte et l'une des plus peuplée du monde. Plusieurs sites rappellent sa longue histoire : les pyramides de Gizeh, les mosquées, les églises anciennes et le Nil, ce fleuve au cœur de la vie de l'Égypte antique. D'un autre côté, les gratte-ciel, les autoroutes et les rues bruyantes expriment sa modernité.

On appelle **Ghadamès** « la perle du désert ». Cette ville millénaire de Libye a été construite dans une oasis au milieu d'une mer de sable. Ses habitants font preuve d'ingéniosité pour supporter les chaleurs extrêmes. Les habitations de l'ancienne ville sont notamment construites sur deux niveaux : l'un pour le bétail, l'autre pour la vie familiale. Des allées couvertes permettent aussi de passer d'une maison à l'autre en évitant le soleil cuisant.

Autour du monde

Villes et villages d'Asie

L'Asie est le continent le plus étendu et le plus peuplé. Environ 60 % de la population du monde y vit! Mais c'est avant tout un continent de contrastes entre des **agglomérations** bondées et des régions très peu habitées, entre des villes modernes et des villages au mode de vie traditionnel, entre l'immense richesse et l'extrême pauvreté.

ZOOM SUR TOKYO

Quelle est la ville la plus peuplée au monde? Il s'agit de **Tokyo**, au Japon. En fait, elle est la plus grande **mégalopole**, avec plus de 35 millions d'habitants (près de la population entière du Canada). Les Tokyoïtes sont des champions dans plusieurs domaines, dont la robotique. À Tokyo, on trouve des robots un peu partout dans la ville. Ils sont par exemple employés dans les usines et les hôpitaux et peuvent même vous servir au restaurant! L'environnement est aussi très important, à Tokyo. C'est une ville propre, entre autres grâce à l'utilisation répandue du transport en commun et à ses nombreux espaces verts!

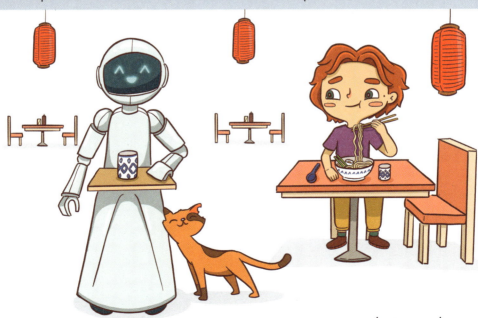

Autour du monde 17

ZOOM SUR DUBAÏ

La transformation de **Dubaï** est impressionnante, de la petite localité de pêcheurs, il y a 100 ans, à la métropole moderne d'aujourd'hui. Pour attirer les touristes, on développe dans cette ville des Émirats arabes unis des projets démesurés, comme la Burj Khalifa (qui signifie « tour Khalifa »). Avec ses 828 mètres et 163 étages, c'est le plus haut gratte-ciel au monde. Il est presque deux fois plus haut que le célèbre Empire State Building, à New York !

Au Yémen, la vieille ville de **Shibam** est appelée « la Manhattan du désert ». C'est en raison de ses impressionnantes maisons hautes de 5 à 8 étages construites en briques de terre crue. Certains de ces gratte-ciel ont plus de 500 ans ! D'autres localités du Yémen ont aussi leurs vieux gratte-ciel.

L'État de **Meghalaya**, en Inde, est reconnu pour être l'endroit le plus pluvieux du monde. Pour vivre en harmonie avec la pluie, les habitants des villes et villages de cette région ont toutes sortes de stratégies. Parmi celles-ci : les ponts vivants ! Comme les constructions de bois pourrissent trop rapidement, les ponts sont formés à partir des racines vivantes des arbres.

Autour du monde

L'île de Java, en Indonésie, est l'île la plus peuplée de la Terre. Et pourtant, en son cœur gronde le **volcan Merapi**, l'un des volcans les plus dangereux du monde ! Il entre en éruption tous les cinq à dix ans. Malgré les risques, les habitants des villes et des villages au pied du Merapi vivent leur vie. Le volcan n'a d'ailleurs pas que des inconvénients : la cendre volcanique est un excellent engrais pour les rizières avoisinantes !

Shicheng est une ville chinoise millénaire qui est aujourd'hui habitée… par les poissons ! Elle est en effet submergée dans le lac Qiandao, créé en 1959 au moment de la construction d'un barrage hydroélectrique. Aujourd'hui, les adeptes de plongée sous-marine peuvent admirer les constructions englouties parfaitement conservée.

Autour du monde

Villes et villages d'Europe

Depuis le début de l'époque moderne, l'Europe est reconnue comme une puissance mondiale. Les explorations et la **colonisation** ont enrichi plusieurs pays européens, comme la France, la Grande-Bretagne, l'Espagne et le Portugal. C'est également par ses **révolutions** (comme la révolution industrielle) que ce continent s'est démarqué.

Les Grandes Guerres ont ravagé plusieurs villes et villages, mais encore aujourd'hui, les châteaux et les cathédrales d'autrefois côtoient des gratte-ciel modernes.

Traversées par des canaux

Plusieurs villes européennes sont sillonnées par les canaux. Parmi celles-ci : Venise, la plus célèbre, mais aussi Bruges en Belgique et Stockholm, la **capitale** de la Suède.

Une centaine d'îles forment la ville de **Venise**, fondée en Italie il y a plus de 1500 ans. Les canaux et les ponts font donc partie depuis longtemps du paysage unique de celle qu'on appelle « la Sérénissime ». Pour se déplacer, la voiture est inutile ! On prend plutôt le bateau : la romantique gondole ou le pratique *vaporetto* (le bateau-bus).

Paris, la capitale française, est l'une des villes les plus visitées au monde. C'est notamment grâce à ses monuments célèbres, comme la tour Eiffel. Et pourtant, cette tour de fer de 330 mètres de hauteur n'a pas toujours été appréciée par les Parisiens. Lors de sa construction, un groupe d'architectes et d'artistes disaient de la tour qu'elle était « inutile et monstrueuse » et qu'elle allait « enlaidir » la ville. Aujourd'hui, plus personne n'imagine Paris sans elle.

Cités-États d'Europe

L'Europe compte des villes qui n'appartiennent à aucun pays : le Vatican et Monaco. Ce sont des **cités-États**.

Encerclé par la ville de Rome, le **Vatican** est le siège du pape, chef de la religion catholique. Cet État, le plus petit au monde, est huit fois moins étendu que Central Park, à New York. Seulement quelques centaines de personnes y vivent !

Budapest, en Hongrie, est l'endroit rêvé pour… prendre un bain. En effet, depuis l'époque de l'Empire romain, des lieux y ont été aménagés pour profiter des centaines de sources d'eau chaude de la ville. Les habitants comme les visiteurs s'y détendent, s'y soignent, y font la fête et y jouent même aux échecs !

Située sur une île de l'**archipel** de Svalbard, en Norvège, la ville de **Longyearbyen** est le lieu habité le plus au nord de la planète. Elle a une population d'environ 2000 habitants… et 3000 ours polaires vivent aux alentours. L'hiver, le soleil ne se montre presque pas le bout du nez, alors qu'il se couche bien peu en été.

Autour du monde

Villes et villages d'Amérique

Bien avant l'arrivée de Christophe Colomb, en 1492, des **civilisations** peuplaient l'Amérique, du nord au sud. Certains de ces peuples sont toujours présents aujourd'hui et tentent de conserver leur culture, alors que d'autres ont malheureusement disparu avec l'arrivée des Européens. Au moment de la **colonisation**, ceux-ci ont fondé des villes, des villages et des États en s'inspirant de l'architecture de leur pays d'origine. Les **colonisateurs** ont également influencé la langue et la culture des différents coins des Amériques. Aujourd'hui, la grande majorité des peuples d'Amérique sont indépendants vis-à-vis de l'Europe. Chaque ville et village a su développer sa propre personnalité.

> Le froid et les chutes importantes de neige n'arrêtent pas les habitants de la ville de **Québec**, qui festoient chaque année lors de son carnaval d'hiver, reconnu comme le plus important au monde ! Les parades dans les rues de la ville, la visite du gigantesque palais de glace, les courses de canots sur le fleuve Saint-Laurent gelé et les concours de sculptures de neige sont aussi des activités populaires depuis plus de 50 ans.

Autour du monde 23

Les divers visages de l'Amérique

Une grande diversité de peuples autochtones et immigrants ont bâti l'Amérique, ce qui en fait un continent aux multiples visages.

Les autochtones Pueblos résident depuis plus de 1000 ans à **Taos Pueblo**, dans l'État du Nouveau-Mexique. Taos Pueblo est parmi les plus vieux villages toujours habités des États-Unis. Aujourd'hui, certains membres de la nation vivent encore de façon traditionnelle, dans des maisons superposées faites d'argile, alors que d'autres vivent à proximité, avec des commodités modernes.

San Francisco, en Californie (États-Unis), était autrefois le théâtre de la ruée vers l'or. Le nom de son célèbre pont, le Golden Gate Bridge (le pont de la porte dorée), rappelle cette partie de l'histoire de la ville. Aujourd'hui, San Francisco est reconnue pour ses tramways et ses rues très (très!) escarpées, mais aussi pour son style de vie écologique et ouvert à la diversité.

Dans les rues de **La Havane**, à Cuba, les coco-taxis (des tricycles motorisés) côtoient les voitures *rétro* entre les vieux bâtiments colorés. La musique est aussi très présente dans la ville cubaine.

Autour du monde

ZOOM SUR RIO DE JANEIRO

Rio de Janeiro, au Brésil, s'est bâtie en harmonie avec son environnement montagneux et maritime, ce qui lui a donné son surnom de « Ville merveilleuse ». L'art se cache partout, jusque dans ses **favelas**. Dans ces quartiers défavorisés nichés aux flancs des montagnes, les maisons colorées et les murales aident à ajouter de la couleur au quotidien parfois rude.

Situées sur le lac Titicaca, à la frontière du Pérou et de la Bolivie, les **îles Uros** sont des îles artificielles qui ont été créées d'après le savoir-faire du peuple autochtone Uros. Ces îles sont construites en roseaux, appelés « totora », qui sont empilés en plusieurs couches flottantes. Elles sont toujours habitées aujourd'hui et se sont modernisées grâce, par exemple, à des panneaux solaires qui permettent d'éclairer les maisons.

C'est à **Buenos Aires**, capitale de l'Argentine, que l'on trouve l'avenue la plus large du monde. À certains endroits, les automobilistes y circulent sur 14 voies réparties sur 140 mètres de largeur !

Autour du monde

Villes et villages d'Océanie

L'Océanie est un continent constitué de 25 000 îles dans l'océan Pacifique, dont les plus grandes sont l'Australie, la Nouvelle-Zélande et la Nouvelle-Guinée. Évidemment, la mer a une importance cruciale dans la vie des habitants des petites îles, qui vivent des produits de la pêche. D'autres accueillent les nombreux touristes venus profiter des plages paradisiaques.

ZOOM SUR TUVALU

Parmi les îles d'Océanie se trouve l'**archipel** de **Tuvalu**. Enfin... il s'y trouve en ce moment ! En effet, le **réchauffement climatique** cause la montée des eaux de la mer. Les villages de Tuvalu pourraient donc disparaître sous l'océan. De plus, l'eau salée qui s'infiltre dans les sols rend l'eau potable plus rare et la terre beaucoup plus difficile à cultiver. Pour sauver ces îles, tous les pays du monde doivent veiller à diminuer la pollution qui cause le réchauffement climatique.

Autour du monde

Nature et modernité

Dans les villes d'Australie et de Nouvelle-Zélande, la nature côtoie la modernité.

Sydney est la plus grosse ville d'Australie. Les visiteurs sont accueillis à son port par l'un de ses symboles : l'Opéra de Sydney. Des millénaires avant la construction de ce bâtiment à l'architecture moderne, le territoire était déjà peuplé par les Aborigènes. Les premiers Européens à habiter Sydney étaient pour leur part... des prisonniers britanniques !

Environ le tiers de l'Australie est désertique. Dans ce paysage de sable rouge majoritairement inhabité se trouve le village de **Coober Pedy**. Une partie des résidents vit dans des maisons souterraines pour se protéger des chaleurs extrêmes d'été et des grands froids d'hiver. Hollywood a plusieurs fois utilisé ce paysage unique pour tourner des films de science-fiction.

Wellington est la capitale de la Nouvelle-Zélande. Cette ville entourée de forêts accorde beaucoup d'importance à sa faune et sa flore uniques. Bien sûr, la mer est aussi très présente à Wellington, mais un autre élément n'est pas à négliger : le vent. La ville serait d'ailleurs la plus venteuse au monde !

Autour du monde

Villes de demain

Les défis du 21e siècle

La population mondiale a dépassé le cap des 8 milliards d'habitants. Des villes surpeuplées ont du mal à loger tous leurs citoyens. Ainsi, elles s'étendent de plus en plus en grignotant les milieux naturels. Cet **étalement** des villes cause aussi davantage de déplacements, de congestion routière et de pollution. De même, le **réchauffement climatique** apporte son lot de difficultés. Heureusement, des solutions offrent de l'espoir.

DES SOLUTIONS D'AUJOURD'HUI ET DE DEMAIN

Pour combattre la pollution et la congestion routière, plusieurs villes développent des systèmes de transport en commun rapides et peu polluants, comme des métros et des tramways. Elles repensent également leurs rues pour assurer la sécurité des piétons et ajouter des pistes cyclables. Elles créent aussi des espaces verts à des endroits où la végétation était absente, comme dans les ruelles et même sur les toits !

ZOOM SUR COPENHAGUE

À **Copenhague** au Danemark, plus de la moitié des habitants roulent à vélo. Le métro est aussi une bonne manière de s'y déplacer de façon écologique. De plus, un espace vert ou une eau de baignade propre se trouve presque toujours à moins de 15 minutes de marche.

La **cité-État** de **Singapour** s'étend sur une île principale et 62 autres petites îles autour. Elle est la ville la plus verte d'Asie. Ses constructions doivent répondre à des standards écologiques très élevés. Ses espaces verts sont nombreux, incluant des toits couverts de verdure et son parc le plus célèbre, Gardens by the Bay (les jardins de la baie), où se trouvent la plus grande serre au monde et d'immenses jardins suspendus en forme d'arbres.

Puerto Nariño, une petite ville de 10 000 habitants, se situe en Colombie, dans la forêt tropicale amazonienne. Elle est un merveilleux exemple de conservation de la nature. À Puerto Nariño, les seuls véhicules à moteur permis sont l'ambulance et le camion de recyclage. De plus, le système de recyclage est mieux développé que dans bien des grosses villes. On récupère aussi l'eau de pluie pour éviter le gaspillage de cette précieuse ressource.

Villes de demain

Activités

1. Dans toutes les langues

Français	Ville	
Anglais	City	se prononce « ci-ti »
Espagnol	Ciudad	se prononce « ci-ou-dad »
Italien	Città	se prononce « tchit-ta »
Allemand	Stadt	se prononce « chtat »
Mandarin	城市	se prononce « tchong-chi »
Arabe	مدينة	se prononce « madina »
Russe	Город	se prononce « go-rot »

2. Qui suis-je ?

1. J'ai autrefois porté les noms de Byzance et de Constantinople.
2. Je suis la ville la plus venteuse au monde.
3. Je suis la ville des mille et une nuits.
4. C'est chez moi que se trouve la plus haute tour du monde.
5. Nous sommes des îles artificielles flottantes.
6. On me surnomme « la perle du désert ».
7. Entouré par la ville de Rome, je suis le plus petit État du monde.
8. C'est chez moi que se trouve l'avenue la plus large au monde.
9. Je suis une ville habitée par les poissons.
10. Je suis le lieu habité le plus au nord de la planète.

3. Associe chaque illustration à une ville ou à un village

1. Le Caire   2. Village de Java   3. Longyearbyen   4. Taos Pueblo
5. Tenochtitlan   6. Ganvié   7. Athènes   8. Tokyo

a)

b)

c)

d)

e)

f)

g)

h)

Activités 31

Glossaire

Agglomération : Concentration d'habitations. Une agglomération peut être une ville ou un village.

Archipel : Groupe d'îles.

Capitale : Ville où se trouve le gouvernement d'un État.

Cité-État : Ville qui a les caractéristiques et les pouvoirs d'un pays.

Civilisation : Grand groupe d'humains, très organisé, partageant un système de gouvernement et d'échanges, des lois, une culture ainsi qu'un bagage de connaissances artistiques, techniques ou scientifiques.

Colonisation/Coloniser : Action de prendre le contrôle d'un territoire lointain pour s'y installer et exploiter ses richesses.

Mégalopole : Région très peuplée qui regroupe plusieurs villes voisines.

Mégapole : Immense ville de plus de 10 millions d'habitants.

Nomade : Personne ou groupe qui n'a pas un lieu de résidence fixe, qui se déplace.

Réchauffement climatique : Augmentation de la température moyenne à la surface de la Terre.

Révolution : Changement important et soudain dans la vie d'une population.

Sédentaire : Personne ou groupe qui a un lieu de résidence fixe.

Urbanisation : Déplacement de la population des campagnes vers les villes.

Réponses aux activités

Qui suis-je ? : 1 – Istanbul ; 2 – Wellington ; 3 – Bagdad ; 4 – Dubaï ; 5 – Îles Uros ; 6 – Ghadamès ; 7 – Vatican ; 8 – Buenos Aires ; 9 – Shicheng ; 10 – Longyearbyen

Villes et villages : 1 – d ; 2 – g ; 3 – b ; 4 – a ; 5 – f ; 6 – h ; 7 – e ; 8 – c

Villes et villages a été achevé d'imprimer en février 2024 sur
les presses de l'imprimerie Transcontinental, au Québec, Canada,
pour le compte des Éditions Québec Amérique.